AF185092

Catherine Grabowski

Le journal de Zoé
AVENTURE À MONTPELLIER

avec les illustrations d'Hélène Badault

Plein de questions

Ce week-end, un truc de fous est arrivé. Une aventure comme dans un film. Un truc INCROYABLE. Je n'ai rien compris.
Le commissaire de police m'a posé mille questions, mais moi, je n'ai pas pu répondre.

5 C'était trop. Trop compliqué. Trop incroyable. J'ai cherché, mais je n'ai pas trouvé les mots. Alors je n'ai rien dit. Le commissaire a appelé mes parents. Et ma mère a dû venir me chercher au commissariat ! Je ne vous explique pas la catastrophe. C'était l'horreur !

Elle a d'abord parlé avec le commissaire et puis j'ai dû sortir dans le couloir et ils ont encore parlé un moment sans moi. Devant le commissaire, Maman a été très gentille avec moi, mais après, dans la voiture, elle a crié :

Mais enfin, Zoé, ce n'est pas possible ! Qu'est-ce que tu as encore eu comme idée ?

Je ne comprends pas ! Pourquoi est-ce que tu fais des trucs comme ça ?

Tu as quatorze ans ! Tu ne peux pas réfléchir deux minutes, quand tu fais un truc ?

Tu as eu de la chance ! Ça aurait pu être grave. Très grave !

Tu peux répondre quand je te parle ?

Je n'ai pas répondu. Pendant tout le voyage, je n'ai rien dit.
Je n'ai pas pu expliquer. De toute façon, ma mère ne comprend
rien. À la maison, elle m'a donné un cahier :
– Zoé, tu ne veux pas parler ? Alors écris ! Je veux que
5   tu notes toute l'histoire ! Tu dois tout raconter depuis
le début. Et tu ne dois rien oublier, d'accord ?
Le commissaire et moi, on veut comprendre.
Elle est partie, mais elle est revenue tout de suite :
– Et tu dois apprendre à réfléchir, d'accord ?

Shopping au Polygone

Ça a commencé hier, samedi. Je suis allée au centre commercial du Polygone avec Lisa pour une journée shopping entre filles. Nous sommes d'abord allées à la médiathèque d'Antigone pour rendre des livres. Après, j'ai cherché un joli poster pour ma
5 chambre, mais je n'ai rien trouvé.

Ensuite, on a regardé des sacs dans un magasin. On ne peut pas dire que Lisa aime les sacs. Non. Elle ne les aime pas, elle les adore ! Et elle achète des sacs comme un serial killer fait des meurtres ! Sa collection est incroyable. Un jour, j'ai photographié
10 Lisa avec tous ses sacs. Ça a donné ça :

Quand nous sommes rentrées dans le magasin, j'ai fait une blague :
— Pourquoi est-ce que tu veux acheter un sac ? Pour ranger tes sacs ?

Mais ça n'a rien changé : Lisa a acheté un sac ! Il était rose,
15 super joli, avec le dessin d'une perruche. Elle était très contente et elle a vite rangé toutes ses affaires dans le nouveau sac.

À midi, on a eu faim et on a voulu monter à la coupole pour acheter un sandwich au Petit Café. Surprise ! Sur les escaliers 5 roulants, on a rencontré Bilal et Nathan !

On a pris un repas entre copains, et puis Lisa et Bilal ont voulu aller chez « Nature et Découvertes », mais moi, j'ai dit STOP : le centre commercial, ça va cinq minutes, mais après, je veux voir le soleil !!!

Vous ne voulez pas prendre un sandwich avec nous ?

POLYGONE

Café

Nature 'n Co

J'ai proposé un safari-photo dans la vieille ville. Nathan a dit oui tout de suite : il est comme moi, il aime bien faire des photos pendant son temps libre. Mais Lisa et Bilal ont préféré rester au Polygone.

Safari-photo dans la vieille ville

Dans le tram, j'ai expliqué mon idée à Nathan. D'habitude, on fait un safari-photo en Afrique et on photographie des singes, des girafes, des tigres, des éléphants... Mais on peut aussi faire un safari-photo dans la vieille ville, il faut juste chercher des

5 animaux... ou alors, des trucs qui ressemblent à des animaux... Nous sommes descendus place Albert 1er. On a fait un concours : Qui est-ce qui va trouver le premier animal ? Nathan a gagné. Les animaux étaient sur le tram : des oiseaux !

On a pris le chemin de la vieille ville. À côté du café « Au bon coin », j'ai vu un chat près des poubelles... J'ai fait une photo... Enfin... J'ai essayé parce qu'une voiture est passée juste à ce moment-là, et voilà, à cause de ça, j'ai raté ma photo ! Pourquoi
5 est-ce qu'il n'est pas resté sur la photo ?
Les chats sont des mauvais joueurs !

On a fait le tour de la cathédrale. Boulevard Henri IV, à l'arrêt de bus, en face du jardin des Plantes, j'ai vu
10 une affiche pour la féria de Béziers avec un taureau et un toréro. D'habitude, je n'aime pas trop ça. Mais sur l'image, le taureau était adorable, alors j'ai fait une photo !

À la terrasse des cafés branchés de la place de la Canourgue, on a trouvé des gens très intéressants pour notre safari. Voici deux zèbres de Montpellier… Ils sont cools et branchés !

Après, nous sommes retournés
5 sous le petit pont, devant l'Université de Médecine. J'adore Montpelle ! Il y a vraiment plein d'endroits fantastiques ici !
10 Mais nous n'avons pas trouvé d'animaux, alors nous n'avons pas insisté…

Nathan a quand même pris une photo de la place Saint-Pierre avec l'université.

Quand j'ai regardé la photo, j'ai pensé à Lisa, mais je n'ai pas com-
5 pris pourquoi...
Ensuite, on a pris une très petite rue, la rue du Chapeau Rouge !
Là, j'ai zoomé sur les jambes d'un flamand rose.

10 Tout à coup, mon téléphone a sonné. C'était Bilal. Non, en fait, c'était Lisa, mais elle a appelé avec le téléphone de Bilal.
  – Allô Zoé, c'est Lisa...
  – Ah, salut Lisa... Pourquoi est-ce que tu appelles avec le télé-phone de Bilal ?
15 – Zoé... Il faut que je te dise un truc !
  – Qu'est-ce qui se passe ?
Lisa n'a pas répondu, elle a commencé à pleurer.

L'appel de Lisa

Je suis restée très tranquille. J'ai posé des questions.

– Qu'est-ce que tu as ?

– On m'a volé mon nouveau sac avec toutes mes affaires : mon porte-monnaie avec ma carte d'identité scolaire, mon portable
5 et la clé de la maison ! C'est l'horreur ! En plus, mes parents sont partis pour le week-end. Les gens qui ont pris mon sac ont aussi mon adresse. Ils peuvent aller chez nous, tu comprends ? C'est la cata ! J'ai peur, Zoé !

– Comment est-ce que c'est arrivé ?

10 – Je ne sais pas… On est encore restés un moment au Petit Café avec Bilal… On a discuté… On a repris deux cocas… Le serveur était sympa. Il a fait des blagues avec Bilal… On a bien rigolé…

– Et après ?

– Après ? On a terminé nos cocas, et puis on est allés chez
15 « Nature et Découvertes »… On a regardé les objets… Il y avait un hamac super joli… Et puis tout à coup… Mon sac n'était plus là ! J'ai cherché partout, mais c'était trop tard. Je n'ai rien pu faire…

– Qui a pu le prendre ?

20 – Je ne sais pas moi… C'était très animé, au Polygone, comme tous les samedis. Je n'ai rien vu !

– Est-ce que tu peux toujours rentrer chez toi ?

– Oui, la voisine a une autre clé, mais…

J'ai voulu dire un truc pour aider Lisa :

25 – Il ne faut pas avoir peur Lisa, tu peux dormir chez moi, tu sais, ce n'est pas un problème…

Mais ça n'a pas marché. Ça a énervé Lisa encore plus.

– Si, c'est un problème ! C'est un grand problème ! Je ne peux pas
  quitter la maison. Ils ont la clé, ils peuvent entrer et tout
  prendre... On ne sait jamais !
J'ai juste dit :
5 – On doit parler. Rendez-vous chez toi dans une demi-heure !
Puis, j'ai coupé pour ne plus énerver Lisa.
Lisa habite dans la vieille ville. Pour nous, ce n'était pas loin. On
est arrivés avant Bilal et Lisa et on a attendu devant la porte.
On était un peu fatigués. Alors on a regardé nos photos du
10 safari. Elles n'étaient pas mal... Et puis tout à coup, on a
remarqué le truc de fous : le sac de Lisa était sur deux photos !

Le puzzle des photos

J'ai eu l'idée à cause de la photo de la place Saint-Pierre. Quand j'ai vu cette photo, j'ai pensé à Lisa. Pourquoi ? Parce que sur la photo, il y a une perruche ! La même perruche que sur le sac de Lisa. La femme de la photo a le sac de Lisa !

5 On a bien regardé, mais on n'a pas pu identifier la femme. La photo n'était pas assez précise. C'était nul ! Nathan m'a montré un truc noir derrière la femme et il a dit :

– Regarde le truc noir, là... Qu'est-ce que c'est ? C'est un animal ?

Et là, j'ai eu une idée géniale : on a photographié des animaux à
10 Montpelle pendant tout l'après-midi, alors les animaux, c'est un peu notre spécialité. J'ai dit :

– Mais oui, c'est un animal ! Il faut regarder les photos de notre safari. On va peut-être retrouver l'animal sur une autre photo !

Alors on a cliqué sur nos appareils... et tout à coup, j'ai trouvé : l'animal, c'était un chien. Un doberman. Le doberman qui était dans la voiture... la voiture qui est passée quand j'ai voulu photographier le chat ! J'ai crié pour appeler Nathan, mais au
5 même moment, Nathan a crié aussi parce qu'il a aussi reconnu le chien. C'était le chien du café de la place de la Canourgue, là où on a vu les zèbres ! Incroyable ! On a regardé, on a comparé, et oui, c'était le même chien !

Quand Bilal et Lisa sont arrivés, nous sommes allés chercher la clé
10 chez la voisine. Puis, nous sommes vite montés dans l'apparte-ment pour regarder les photos sur l'ordinateur de Lisa. Et tout à coup, ça a été comme un puzzle. Lisa a encore vu son sac au bras d'une femme sur la photo du tram, place Albert 1er... et elle a reconnu les jambes de la même femme avec son sac, rue du
15 Chapeau Rouge... C'était mon flamand rose ! Et Bilal a vu le doberman sur le petit pont à l'entrée de l'université ! Il était avec un homme aux lunettes de soleil noires. C'était génial. Là, j'ai eu ma deuxième idée fantastique de la journée. J'ai dit :
– Nous devons regarder sur nos appareils à quelle heure nous
20 avons pris les photos. Et nous devons faire un plan.

Le résumé du mystère

À 13 h 55, une femme sort de notre tram. Elle porte le sac de Lisa et traverse la place Albert 1er en direction de la vieille ville.

14 h 12. La voiture avec le doberman passe rue du Cardinal de Cabrières.

14 h 58. L'homme avec le chien et la femme avec le sac se quittent devant l'université.

14 h 37. La femme avec le sac de Lisa et l'homme aux lunettes de soleil plus le doberman sont ensemble à la terrasse d'un café, Place de la Canourgue.

Pl. Albert 1er

Bd P

Rue du Cardinal de Cabrières

Henri IV

JARDIN des PLANTES

Rue de l'École M

Cathédrale Saint-Pierre

Rue de l'École de Médicine

Bd

Place de la Canourgue

Rue de la Canourgue

Bd Louis Blanc

15 h 06. La femme avec le sac passe par la rue du Chapeau Rouge.

Rue du Chapeau Rouge

Pour moi, c'était clair. J'ai fait un résumé :
– La femme a pris le sac de Lisa au Polygone. Elle est montée dans le tram et elle est allée à un rendez-vous avec son complice, l'homme au doberman. Ils ont pris un café et ils ont préparé leur plan. Ensuite, la femme a accompagné l'homme à l'université, puis elle est partie vers la rue du Chapeau Rouge.
Pourquoi ? Qu'est-ce qu'ils veulent faire ? C'est le mystère que nous devons comprendre.

Qui a une idée ?

J'étais très contente. Mais quand j'ai regardé les autres, j'ai compris que pour eux, le problème était encore là. Lisa a dit :

— Bravo Zoé... C'est très intéressant, mais qu'est-ce qu'on fait maintenant ?

5 Quand Lisa est comme ça, elle m'énerve. Mais je suis restée enthousiaste. J'ai dit :

— Il faut trouver une idée !

Bilal a rigolé :

— Ça, c'est une super bonne idée, Zoé ! Allez, trouve une idée,
10 Zoé !

Il faut montrer nos photos et notre plan à la police !

Il faut regarder le film de la caméra de surveillance du Polygone pour trouver l'homme, la femme ou le chien !

Il faut chercher le doberman sur facebook !

On a tous cherché une idée, mais Bilal, non. Il n'a pas cherché
avec nous ! Qu'est-ce que monsieur a fait pendant ce temps ?
Il a joué à un jeu vidéo qu'il a trouvé sur la Gameboy du petit
frère de Lisa : un jeu avec des voitures de formule 1. C'était nul !
5 Parfois il est vraiment idiot !
Tout à coup, Bilal a crié :
– Zut, la voiture !
J'ai d'abord pensé « Qu'est-ce qu'il a ? Il y a un problème avec sa
voiture dans son jeu vidéo ? », mais il a répété :
10 – La voiture ! Il faut regarder encore une fois la photo avec
   la voiture. Je crois que je connais la voiture !
Nathan a compris. Il est vite allé à l'ordinateur et il a cherché
la photo avec le chat, le chien et la voiture. Quand Bilal a vu
la photo, il a dansé !
15 – C'est génial ! Je connais la voiture ! Je sais même qui a une
   voiture comme ça à Montpellier ! Je sais où ils habitent !
   Lisa, nous allons retrouver ton sac !
J'ai demandé :
– Tu es sûr, Bilal ? Il existe beaucoup de voitures à Montpellier,
20   tu sais...
Mais Bilal était sûr. Il n'oublie jamais une voiture. Et surtout pas
une grande voiture.
– Mais oui ! Ils habitent à Pérols. C'est sur le chemin pour aller
   à Carnon. Je passe toujours devant leur maison quand je vais à
25   la plage avec mon frère. J'ai souvent vu la voiture. Ce n'est pas
   loin. Il faut aller à Pérols !

En route pour Pérols

Il était super content. J'ai oublié toutes ses critiques. Il peut
être pénible, mais il peut aussi être adorable. J'ai crié :
– Génial ! Allons à Pérols !
Mais là, Lisa a de nouveau eu peur.
5 – On ne peut pas aller seuls à Pérols ! Il faut appeler la police !
J'ai trouvé ça idiot. Qu'est-ce qui est arrivé ? Rien de spécial.
Perdre un sac, ce n'est pas la fin du monde ! On n'appelle pas
la police pour ça. Il faut être sûr. J'ai dit :
– C'est trop tôt pour la police. On n'a pas de preuves. Il faut des
10 preuves. Allons à Pérols pour chercher des preuves !
Nous avons vite appelé chez nous. Pour être libres, on a raconté
des trucs...

Salut Pap' ! C'est Nathan...
Est-ce que je peux aller chez Bilal ?
Je ne sais pas... Oui, je dors chez lui...
D'accord, alors à demain, midi !

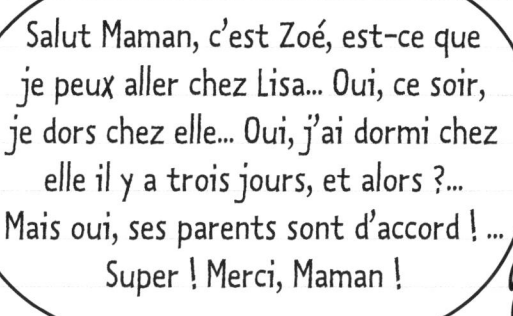

Salut Maman, c'est Zoé, est-ce que je peux aller chez Lisa... Oui, ce soir, je dors chez elle... Oui, j'ai dormi chez elle il y a trois jours, et alors ?... Mais oui, ses parents sont d'accord ! ... Super ! Merci, Maman !

Allô Dounia, c'est Bilal... Les parents ne sont pas là ? Est-ce que tu peux prendre un message, s'il te plaît ? Je voudrais dormir chez Nathan aujourd'hui... Oui, on prépare un exposé et... Oui, bien sûr, je t'embrasse, à plus !

J'ai demandé :
– Vous avez terminé ? C'est bon ? Alors, on descend et on y va !
Nathan et moi, on n'a pas voulu rentrer chez nous pour aller chercher nos vélos, alors on a emprunté les vélos des parents
5 de Lisa. On n'a pas perdu une minute ! Bilal a pris son VTT, Lisa son vélo et voilà, nous sommes partis !

Un village trop tranquille

C'était comme dans un film. On a quitté le centre-ville, on a
roulé pendant un moment au bord du Lez. C'était joli. On est
sortis de Montpelle. On a traversé des champs : champs de
tomates, champs de melons, c'était cool ! Ensuite, on a pris la
5 route de Carnon. On est arrivés à Pérols. Le vieux village est joli
mais je préfère Minerve, le village où habitent mes grands-
parents, entre les Cévennes et la montagne Noire.
En tout cas, Pérols n'est pas très animé. Sur la place, il y a des
tables pour faire un pique-nique, mais je suis sûre qu'il n'y a
10 jamais de touristes ici...
On a traversé le vieux village. Puis on a tourné à droite.
Là, c'était super tranquille. Trop tranquille ! On a vu beaucoup
de maisons très chics ! C'est un quartier où les gens ont beaucoup d'argent. Mais l'ambiance est un peu spéciale...

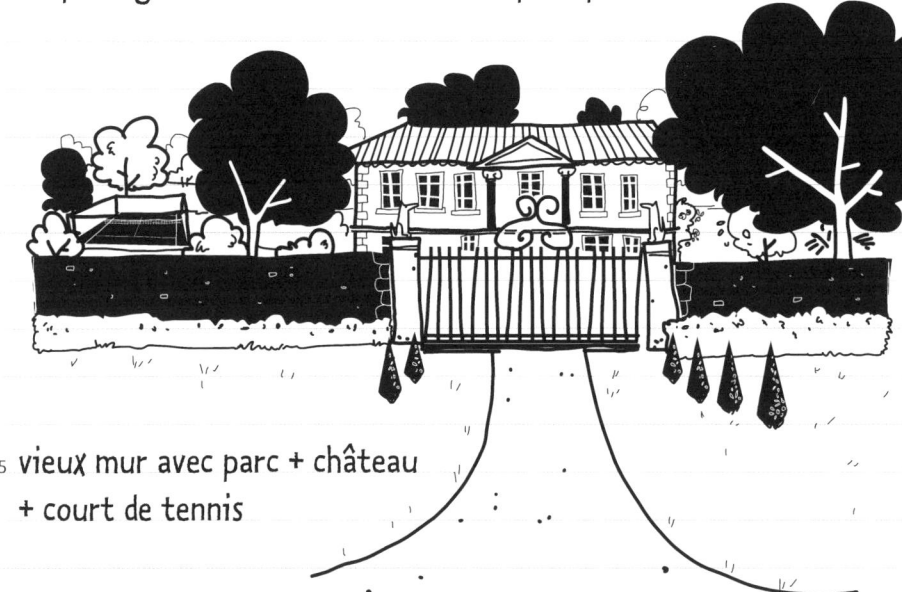

15 vieux mur avec parc + château
+ court de tennis

mur moderne +
villa moderne +
tour d'architecte +
terrasse avec vue
5 panoramique sur
le pic Saint-Loup

grille +
code +
porte +
10 sonnette +
caméra de surveillance +
mur

Tout à coup, Bilal a vu la voiture. Il a commencé à chanter le
refrain de son groupe préféré, Barrio Populo : « Et on veut danser
15 sur la terre ! Et on veut voir la mer ! ». C'était le signal. On est
passés assez vite devant la maison, mais on a bien regardé. C'était
le plan ! On a fait attention et on a été super discrets.

Plan d'action sur la plage !

Après, on a roulé jusqu'à la plage de Carnon, et on a fait une petite pause pour trouver un plan d'action. Voici les résultats :

Plan de Lisa

1. tourner autour de la maison
2. attendre la femme
3. lui demander où elle a acheté son joli sac

POUR	CONTRE
I	III

Plan de Nathan

1. sonner à la porte pour demander son chemin
2. parler avec la dame
3. faire tomber le sac
4. regarder

POUR	CONTRE
I	III

J'ai écouté les plans des trois autres... et puis j'ai donné mon
plan. On a discuté longtemps. Ce n'est pas ma faute si les autres
ont été pour mon plan. Est-ce que c'était une bonne idée ?
Est-ce que c'était une mauvaise idée ? Je ne sais pas. Mais nous
l'avons fait ! Voilà comment...

Mission LE MUR !

Quand on a quitté la plage, j'ai encore eu une idée importante :

– Attention! Nos portables ne doivent pas sonner ! On doit tous
   couper nos portables !

Les autres ont trouvé ça bien. On a coupé nos portables.

5 Maintenant, on était incognito !

Nous sommes retournés vers la villa par deux chemins différents.
Nathan et Lisa ont laissé leurs vélos et sont partis à pied. Bilal et
moi, nous avons pris nos vélos et nous sommes allés à la villa par
la route de derrière.

10 On est arrivés devant le mur, du côté de la cour. Pouh ! Il était
haut : 4 mètres ! Quand j'ai vu ça, j'ai eu un peu peur. Mais je
n'ai rien dit à Bilal. La règle numéro 1 pour une bonne détective,
c'est : ne montre jamais ta peur !
On a mis le vélo de la mère de Lisa

15 contre le mur, et puis on a posé
ensemble le VTT de Bilal sur le vélo.
On a bougé un peu pour voir.
C'était stable. Le VTT n'est pas
tombé. Super !

20 Voilà notre pyramide de vélos :

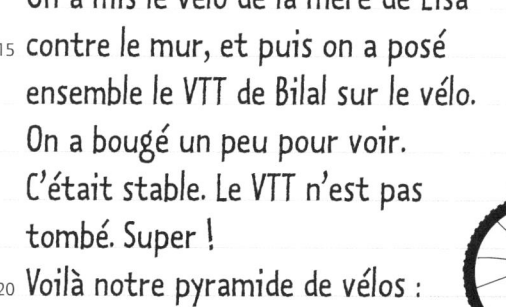

J'ai fait un test. Ce n'était pas facile, mais c'était possible. J'ai regardé le mur. J'ai regardé Bilal.

– Je compte sur toi, Bilal !

Comme d'habitude, il a rigolé :

5 – Ça va ! Mais fais attention, Zo-RRO-é ! Il ne faut pas tomber ! D'habitude, les blagues de Bilal m'énervent, mais là, j'ai bien aimé... Il peut être très gentil, parfois ! Alors j'ai pris mon appareil photo autour du cou et je suis montée. D'abord, tout a bien fonctionné. Quand je suis montée sur le VTT de Bilal, il a un peu

10 bougé mais je ne suis pas tombée. J'ai attendu un peu. J'ai répété pour moi :

Allez, ça va aller, Zo-RRO-é !

Et puis j'ai continué. Enfin, j'ai pu mettre mes mains sur le mur. Et j'ai vu...

Une villa de luxe

Waouh ! La villa était fantastique ! Je n'ai jamais vu un truc comme ça !

Un citronnier
avec des citrons

Des palmiers comme
dans les films

Une piscine
en marbre

Une chaise longue de designer
à 1000 euros au moins ! –
Elle ressemble à un insecte !

Un piano de star ↓

Une chaise de designer...
Je me demande combien
elle coûte – elle ressemble
à une feuille !

... et à côté de la chaise de designer, qu'est-ce que j'ai vu ?
Tout petit, rikiki : le sac de Lisa !!! Incroyable ! Il était là ! Avec
la perruche ! Le choc ! J'ai voulu prendre mon appareil pour faire
la photo, mais juste à ce moment, j'ai entendu un cri. Alors j'ai
5 regardé de l'autre côté de la cour, vers la porte d'entrée, et j'ai
vu Lisa avec la femme qui lui a pris son sac !

Madame Félicité Bienvenue

Maintenant le truc incroyable : Lisa et la dame étaient comme des copines ! D'abord Lisa a voulu donner la main à la dame. Mais la dame est venue et lui a fait la bise ! Et Lisa était toute rose et super contente ! Je n'ai rien compris ! Ensuite, la dame a dit
5 bonjour à Nathan.

Et Nathan aussi était rose et gêné... Pourquoi ? Ils ont parlé un moment. Le truc de fous ! Lisa a embrassé le doberman !

Après, je crois que la dame a invité Nathan et Lisa. Ils sont entrés dans la villa. Je n'ai plus rien entendu. J'ai voulu raconter l'histoire à Bilal, mais je n'ai pas pu me retourner parce que les trois sont très vite revenus dans la cour par la porte de
5 la terrasse. Ils avaient des cocktails avec des fraises et des rondelles de citron ! Quelle chance ! Ils sont allés avec leurs boissons près de la piscine... À 3 mètres de moi ! Zut ! C'était la catastrophe ! J'ai pensé « Je dois me cacher ! », mais c'était trop tard, je n'ai pas eu le temps, parce que juste à ce moment-
10 là, j'ai entendu les sirènes !

Une sirène. Puis deux. Un bruit horrible ! C'était la fin de tout ! Alors, j'ai oublié Nathan, Lisa et Madame Félicité Bienvenue et j'ai regardé derrière moi !

Attention police !

Derrière moi, en bas, j'ai d'abord vu Bilal, tout petit, avec une drôle de tête, et derrière lui, sur la route, deux voitures de police ! Elles sont venues droit sur nous ! Et elles ont stoppé juste devant Bilal ! C'était l'horreur ! J'ai voulu prendre mes
5 jambes à mon cou, mais sur un mur, c'est difficile !

Le gyrophare qui fait peur !

POLICE

Le flic sympa

ON VA VENIR VOUS CHERCHER

Le flic qui a un caractère de chien

Trop, c'est trop !

Ils sont arrivés avec une échelle. Je suis descendue. Quand je suis arrivée en bas, j'ai eu une autre surprise : Lisa était là, avec Nathan, Madame Félicité Bienvenue, l'homme aux lunettes de soleil et le doberman ! Une vieille voisine était là aussi. C'était
5 la voisine qui habite dans la villa avec la tour et la vue panoramique sur le pic Saint-Loup. C'est elle qui a appelé la police. Tout le monde a voulu dire quelque chose, c'était le chaos complet, je n'ai rien compris.

Trop, c'est trop ! Pour moi, ça a été comme après vingt loopings sur le grand huit du Luna Park à Palavas-les-Flots : j'ai été malade. Très malade. À cause de tout ça, mes jambes étaient comme du chewing-gum. Je n'ai plus rien vu et plus rien

5 entendu… Et puis je suis tombée dans les pommes.
Bonk ! Voilà ! Ça a été le trou noir !

Quand je suis revenue à moi, il y avait le monsieur aux lunettes de soleil à côté de moi. C'est incroyable, mais l'homme aux lunettes de soleil est un professeur de l'Université de Médecine

10 de Montpellier ! Il m'a donné un médicament. Après, je n'étais plus malade. Ouf !
Bilal est arrivé et il a fait une blague, comme d'habitude :
– Et bien, Zo–RRo-é ? Tu es tombée de ton cheval ?
On a rigolé ensemble. Pour Bilal, la vie n'est jamais tragique,

15 et ça, c'est cool !
Ensuite, on est tous montés dans la voiture de police. Sur le chemin du commissariat, Lisa m'a expliqué toute l'histoire : Nathan et elle sont arrivés devant la porte d'entrée de la villa. Leur plan, c'était : sonner + demander le chemin pour

20 aller à Palavas-les-Flots + parler avec les gens + distraire la femme + garder le chien… pour me laisser le temps de prendre la photo…

Mais quand la dame est arrivée, Lisa a reconnu Félicité Bienvenue, la chanteuse très célèbre ! Lisa était contente ! Elle adore Félicité Bienvenue ! Elle la trouve formidable, jolie, intelligente, et elle trouve qu'elle a plein de talent, bref, Lisa est une fan
5 de FB !
Elles ont parlé de musique et d'opéra. Elles aiment les mêmes trucs ! Alors Madame Bienvenue a invité Lisa et Nathan dans sa villa. Elle leur a préparé un cocktail et elle leur a fait un cadeau que Lisa m'a montré dans la voiture... la chance !

Madame Félicité Bienvenue
vous invite à la soirée gala pour la première de son spectacle
Le Carnaval des animaux, Opéra (très) bête
Opéra d'après la suite musicale «Le Carnaval des animaux»
de Camille Saint-Saëns
dimanche 13 octobre à 17 heures
à l'Opéra National de Montpellier

Amitiés à toi Lisa ♡

Bienvenue

Programme :
17 h 00 Arrivée des invités (tenue de gala exigée)
17 h 30 Spectacle «Le Carnaval des animaux»
19 h 00 Soirée gala

11 Boulevard Victor Hugo
34000 Montpellier

10 Et voilà. C'était cool pour Lisa. Maintenant, elle est copine avec Félicité Bienvenue ! C'était super cool. C'était si cool qu'elle a oublié l'histoire du sac. Vous imaginez ? Moi, je risque ma vie sur un mur de 4 mètres de haut à cause d'elle, et elle, elle rencontre une star d'opéra et elle oublie tout ! Non, mais je rêve !
15 Ce n'est pas fou, ça ? Super, le week-end entre copines... Moi, je ne vais pas l'oublier !

La fin de l'histoire...

Au commissariat de police, on a attendu longtemps et puis j'ai dû entrer dans le bureau du commissaire. Il a un cou comme un taureau ... un taureau pas très sympa ! Dommage : je n'ai pas pu le photographier pour terminer ma collection de photos de
5 safari à Montpellier ! Mais je l'ai dessiné... Ce n'est pas mal, non ?

Il a posé plein de questions mais je n'ai pas pu répondre. C'était nul. Et j'ai déjà raconté la fin...

Voilà, on est dimanche, il est déjà 15 heures, j'écris ce journal depuis hier soir, j'ai dormi quelques heures... et je suis super fatiguée, mais j'ai terminé ! J'ai tout raconté. Maintenant, je voudrais donner mon journal à Maman et oublier l'histoire. J'ai
5 voulu lui parler, mais elle n'a pas le temps. Je n'ai pas insisté. Elle n'a jamais le temps. Là, elle téléphone depuis une heure dans le salon. Je ne sais pas avec qui elle parle. Je voudrais qu'elle parle avec moi. Je voudrais que quelqu'un m'appelle. Je voudrais que mon portable sonne. Je voudrais que mes copains arrivent...
10 À propos... Où est mon portable ? Zut ! Je l'ai coupé hier sur la plage, et depuis je ne l'ai pas rallumé ! Je suis idiote ! J'ai regardé mes messages pour la dernière fois il y a 24 heures ! Vite, je dois trouver mon portable !

Vous avez 13 appels en absence
et 6 nouveaux messages.

Les messages des copains

TrouV au pt café 1 sac avec 1 tel et votre N° ds ls favoris. Café ouvert jusqu'à 20 h aujourd'hui ! Rom1, serveur au Polygone

Sa 16 h 14, 0678349278

Slt Zoé ! Ça va avec ta mère ? J'espère q tu n'as pas trop de pbs à cause de moi ! G retrouV mon sac ! Au Polygone ! Je l'ai oublié au pt café ! Gnial !

Sa 19 h 40, Lisa

Bonsoir Zoé, j'espR q tu n'es plus malade ! Nath PS : T'as vu le commissaire ? = 1 ♉

Sa 21 h 50, Nathan

Zo-RRO-é, il faut que je te dise un truc : sur le mur, t'as assuré !

Sa 22 h 49, Bilal

Zoé, bestcopine ! keske tu fais ? FB appelle tes parents pour vs inviter à l'opéra. Nathan et Bilal viennent aussi ! <3<3 <3 Lisa !

Di 14 h 30, Lisa

Slt Zoé ! Keske tu fais ? On est à l'opéra dans la loge de FB avec Lisa. G photographié FB... elle ressemble à une perruche, non ?

Di 15 h 07, Nathan

J'ai voulu répondre, mais je n'ai pas eu le temps parce que mes parents sont arrivés et on a dû se préparer très vite pour aller à la soirée gala...

Vocabulaire

Der Lernwortschatz aus **À plus! 2**, *Nouvelle édition*, Unité 2
ist mit einem Sternchen * gekennzeichnet.
Formen des *conditionnel*, *passé composé*, des *imparfait* sowie
unregelmäßige Verben sind in der konjugierten Form angegeben.

Symbole und Abkürzungen

f.	*féminin*/feminin (weiblich)
m.	*masculin*/maskulin (männlich)
pl.	*pluriel*/Plural (Mehrzahl)
qc/etw.	*quelque chose*/etwas
qn/jd/jdn/jdm	*quelqu'un*/jemand/jemanden/jemandem
adj.	*adjectif*/Adjektiv
fam.	*familier*/umgangssprachlich

A

à cause de*   wegen

à cause de ça*   deswegen

à ce moment-là   in diesem Moment

à propos*   übrigens, apropos

à quelle heure   zu welcher Uhrzeit

l'adresse *f.*   die Adresse

allé*   gegangen, gefahren (*Partizip Perfekt von* aller)

Allez!*   Los!

l'appareil (photo) *m.*   der Fotoapparat

l'appel *m.*   der Anruf

au bras de   am Arm von

au moins   mindestens

l'autographe *m.*   das Autogramm

autour de qn/qc   um jdn/etw. herum

avec qui   mit wem

l'aventure* *f.*   das Abenteuer

avoir peur*   Angst haben/bekommen

B

la bêtise   die Dummheit

bougé   bewegt (*Partizip Perfekt von* bouger)

le bruit   der Lärm, der Krach

C

Ça aurait pu être grave.   Das hätte schlimm ausgehen können.

la caméra de surveillance   die Überwachungskamera

la carte d'identité scolaire   der Schülerausweis

la catastrophe*/ la cata *fam.*   die Katastrophe

c'était es war

C'était l'horreur!* Das war der
Horror!

c'était si cool que… es war so cool,
dass …

c'était trop tard* es war zu spät

Ce n'est pas ma faute si… Es ist
nicht meine Schuld, wenn …

cette diese/dieser/dieses

la chaise longue der Liegestuhl

le champs* das Feld

le chemin* der Weg

le citron* die Zitrone

le citronnier der Zitronenbaum

cliquer sur qc auf etw. klicken

commencer à + *inf.* anfangen, etw.
zu tun

le commissaire de police
der Kommissar

le commissariat das Kommissariat

communiquer avec qn mit jdm
kommunizieren

comparé verglichen (*Partizip Perfekt
von* comparer qn/qc)

le/la complice der Komplize /
die Komplizin

compliqué/e *adj.* kompliziert

le cou* der Hals

couper qc *hier:* etw. ausschalten

la coupole die Kuppel

le court de tennis Tennisplatz

la critique die Kritik

D

d'habitude* normalerweise

… de haut … hoch

de nouveau wieder

la découverte die Entdeckung

déjà* schon, bereits

demander son chemin (à qn)*
(jdn) nach dem Weg fragen

la demi-heure die halbe Stunde

(on) descend* wir gehen hinunter

descendre* hinabsteigen, hinunter-
gehen, aussteigen

descendu* ausgestiegen, hinunter-
gestiegen (*Partizip Perfekt von*
descendre)

dessiner qc* etw. zeichnen

le/la détective der/die Detektiv/in

devoir* müssen

distraire qn jdn ablenken

dit gesagt (*Partizip Perfekt von* dire)

différent/différente *adj.*
verschieden, unterschiedlich

dormi* geschlafen (*Partizip Perfekt
von* dormir)

dormir* schlafen

dû* gemusst (*Partizip Perfekt von*
devoir)

E

l'échelle *f.*   die Leiter

l'éléphant *m.*   der Elefant

enchanté/enchantée *adj.*
  hocherfreut

énerver qn*   jdn ärgern

enfin*   endlich (*auch:* schließlich)

en marbre   aus Marmor

entendu   gehört (*Partizip Perfekt von*
  entendre)

enthousiaste *m./f. adj.*
  enthusiastisch, begeistert

en tout cas   auf jeden Fall

entre*   *hier:* unter

entrer*   hineingehen, etw. betreten

l'escalier roulant *m.*   die Rolltreppe

essayé   versucht (*Partizip Perfekt von*
  essayer)

(ils/elles) étaient   sie waren

(il/elle/on) était   er/sie war, wir
  waren

été*   gewesen (*Partizip Perfekt von*
  être)

eu*   gehabt (*Partizip Perfekt von*
  avoir)

exister   existieren

F

faire attention*   aufpassen

faire tomber qc   etw. fallen lassen

fait*   gemacht (*Partizip Perfekt von*
  faire)

fatigué/fatiguée* *adj.*   müde

le film*   der Film

la fin*   das Ende

le flamand   der Flamingo

le flic *fam.*   der Polizist, der Bulle

fonctionné   funktioniert (*Partizip*
  Perfekt von fonctionner)

fou/folle *adj.*   verrückt

les frites *pl. f.*   die Pommes Frites

G

gêné/gênée *adj.*   verlegen

la girafe   die Giraffe

le grand huit   die Achterbahn

grave *m./f. adj.*   schlimm

la grille   *hier:* die Gittertür

le gyrophare   der Scheinwerfer

H

haut/haute *adj.*   hoch

hier*   gestern

I

identifier qn   jdn identifizieren

idiot/idiote* *adj. fam.*   blöd

il avait l'air de   er sah aus wie

imaginer qc   sich etw. vorstellen

incroyable* *m./f. adj.*   unglaublich

l'insecte *m.*   das Insekt

insister*   auf etw. bestehen (*auch:*
  nachhaken)

l'invité *m.* **/ l'invitée** *f.*   der/die
  Eingeladene

Il faut que je te dise un truc!*
  Ich muss dir was sagen/erzählen!

il y a (24 heures)*   *hier:* vor
  (24 Stunden)

il y avait   es gab

J

la jambe* das Bein
je connais ich kenne
je dois* ich muss
je suis revenu/e à moi ich bin
  wieder zu Bewusstsein gekommen
le journal* hier: das Tagebuch (*auch:*
  die Zeitung)
juste* gerade noch (*auch:* nur)

L

libre* *m./f. adj.* frei
longtemps* lange *zeitlich*
les lunettes de soleil *pl. f.*
  die Sonnenbrille
aux lunettes de soleil mit der
  Sonnenbrille

M

malade* *m./f. adj.* krank
mauvais/mauvaise* *adj.* schlecht
  (*auch:* falsch)
le mauvais joueur / la mauvaise
  joueuse der/die Spielverderber/in
le/la même… der/die/das
  gleiche …
mettre qc etw. setzen, stellen, legen
  (*auch:* etw. tragen, anziehen)
le meurtre der Mord
midi* zwölf Uhr mittags
Minerve* *malerisches Dorf in der*
  Region Languedoc-Roussillon
mis gestellt, gelegt (*Partizip Perfekt*
  von mettre)

le mot das Wort
le mystère das Rätsel

N

ne … jamais* nie
ne … rien* nichts
ne … plus rien nichts mehr

O

l'objet *m.* der Gegenstand
l'oiseau *m.* / **les oiseaux** der Vogel
oublier qc* etw. vergessen

P

le palmier die Palme
panoramique *m./f. adj.* Panorama …
parti* gegangen/gefahren (*Partizip*
  Perfekt von partir)
la peur* die Angst
perdre qc* etw. verlieren
perdu* verloren (*Partizip Perfekt von*
  perdre qc)
photographier qn/qc* jdn/etw.
  fotografieren
le pic Saint-Loup* *Berg in der*
  Region Languedoc-Roussillon
la piste *hier:* die Spur
le pique-nique* das Picknick
le plan der Plan, die Übersicht
la police die Polizei
posé gestellt/gelegt (*Partizip Perfekt*
  von poser)
la poubelle der Mülleimer
précis/précise *adj.* genau, deutlich

prendre ses jambes à son cou*
die Beine in die Hand nehmen

la preuve   der Beweis, das Beweis-
stück

pris*   genommen (*Partizip Perfekt von*
prendre)

pu*   gekonnt (*Partizip Perfekt von*
pouvoir)

le puzzle   das Puzzle

R

raconter qc*   etw. erzählen

raté   verfehlt/verpasst (*Partizip Perfekt*
von rater qn/qc)

reconnu   wiedererkannt (*Partizip*
Perfekt von reconnaître qn/qc)

réfléchir   nachdenken

rencontrer qn*   jdm begegnen,
jdn treffen, sich mit jdm treffen

rendez-vous à + *Zeit/Ort**
wir treffen uns in/im/am …

le rendez-vous*   die Verabredung,
der Termin

ressembler à qn/qc   jdm/etw.
ähnlich sehen

le résumé   die Zusammenfassung

le repas*   das Essen, die Mahlzeit

répondu*   geantwortet (*Partizip*
Perfekt von répondre)

répondre (à qn/qc)*   jdm antworten,
etw. beantworten

le résultat   das Ergebnis

revenu   wiedergekommen (*Partizip*
Perfekt von revenir)

rien de spécial*   nichts Besonderes

rikiki *m./f. adj. fam.*   winzig, lächer-
lich

risquer qc   etw. riskieren

la rondelle   die Scheibe

rose *m./f. adj.*   rosa

S

le sac*   die Tasche

le safari-photo   die Foto-Safari

le sandwich*   das Sandwich

se cacher   sich verstecken

se quitter   hier: auseinandergehen

se retourner   sich umdrehen

le serveur / la serveuse
die Bedienung

seul/seule *adj.*   allein

la sirène   die Sirene

la sonnette   die Klingel

spécial/spéciale *adj.*   speziell

la spécialité   *hier:* das Spezialgebiet

stable *m./f. adj.*   stabil

la statue   die Statue

sûr/sûre *adj.*   sicher

surtout   vor allem

T

le taureau / les taureaux*   der Stier

T'as assuré! *fam.*   Das hast du super
gemacht!

le temps libre*   die Freizeit

terminé*   beendet (*Partizip Perfekt*
von terminer)

terminer qc*   etw. beenden

le tigre   der Tiger

tomber*   fallen, hinfallen

tomber dans les pommes
  ohnmächtig werden

le toréro* der Torero

tous les samedis* jeden Samstag

tout à coup* plötzlich

tragique *m./f. adj.* tragisch

le trou das Loch

le truc de fous das Wahnsinnsding

U

l'université *f.* die Universität

utilisé benutzt, verwendet (*Partizip Perfekt von* utiliser)

V

venir droit sur qn* direkt auf jdn zukommen

venu* gekommen (*Partizip Perfekt von* venir)

la voiture* der Wagen, das Auto

voulu* gewollt (*Partizip Perfekt von* vouloir)

vu* gesehen (*Partizip Perfekt von* voir)

la vue panoramique die Rundsicht

Z

le zèbre das Zebra

zoomé gezoomt (*Partizip Perfekt von* zoomer)

À plus!

Le journal de Zoé
AVENTURE À MONTPELLIER

Catherine Grabowski
avec les illustrations d'Hélène Badault

Vokabelannotationen
Dorothee Flach

Verlagsredaktion
Julia Goltz (Projektleitung), Dorothee Flach

Hörbuch
Tonaufnahme: Sören Schrader, Berlin / Sprecherin: Sylvie Krause-Grégoire

Umschlaggestaltung
werkstatt für gebrauchsgrafik, Berlin

Layout und technische Umsetzung
orangerie • grafikdesign, Berlin

Unter go.cornelsen.de gibt es als Download
– das Hörbuch zu *Aventure à Montpellier*. Gib folgenden Webcode ein: **APLUS-LEC-5**
– passende Arbeitsblätter. Gib folgenden Webcode ein: **APLUS-LEC-6**

www.cornelsen.de

1. Auflage, 8. Druck 2025

Alle Drucke dieser Auflage sind inhaltlich unverändert
und können im Unterricht nebeneinander verwendet werden.

© 2014 Cornelsen Schulverlage GmbH, Berlin
© 2017 Cornelsen Verlag GmbH, Mecklenburgische Str. 53, 14197 Berlin, E-Mail: service@cornelsen.de

Das Werk und seine Teile sind urheberrechtlich geschützt. Jede Nutzung in anderen als den gesetzlich zugelassenen Fällen bedarf der vorherigen schriftlichen Einwilligung des Verlages. Hinweis zu §§ 60 a, 60 b UrhG: Weder das Werk noch seine Teile dürfen ohne eine solche Einwilligung an Schulen oder in Unterrichts- und Lehrmedien (§ 60 b Abs. 3 UrhG) vervielfältigt, insbesondere kopiert oder eingescannt, verbreitet oder in ein Netzwerk eingestellt oder sonst öffentlich zugänglich gemacht oder wiedergegeben werden. Dies gilt auch für Intranets von Schulen und anderen Bildungseinrichtungen.

Der Anbieter behält sich eine Nutzung der Inhalte für Text- und Data-Mining im Sinne § 44 b UrhG ausdrücklich vor.

Druck: AZ Druck und Datentechnik GmbH, Kempten

ISBN 978-3-06-520146-9

PEFC-zertifiziert
Dieses Produkt
stammt aus
nachhaltig
bewirtschafteten
Wäldern und
kontrollierten Quellen

PEFC

PEFC/04-31-2260   www.pefc.de